30分でできる！
かわいい
うで編み＆ゆび編み

寺西 恵里子 ●著

PHP

30分でできる！
かわいい
うで編み＆ゆび編み

CONTENTS

はじめに・・・・4

うで編み

フリンジつきのマフラー・・・・・・7
ツートンカラーのマフラー・・・・・8
ビッグマフラー・・・・・・・・・・9
オフホワイトのマフラー・・・・・・9
１回ねじりのスヌード・・・・・・・10
ブルーのスヌード・・・・・・・・・10
ループ糸がアクセントのスヌード・11
えんじ色のスヌード・・・・・・・・11
◉ 茶色のスヌード・・・・・・・・・12
色ミックスのマフラー・・・・・・・16
フワフワマフラー・・・・・・・・・17
基本の茶色のマフラー・・・・・・・17
黒とブルーのスヌード・・・・・・・18
フワフワ白いスヌード・・・・・・・18
ツートンカラーのスヌード・・・・・19

ゆび編み

茶色とブルーのマフラー・・・・・・21
モチーフマフラー・・・・・・・・・22
２本で輪つなぎのマフラー・・・・・23
輪つなぎのマフラー・・・・・・・・23
白のキラキラスヌード・・・・・・・24
肩に添うスヌード・・・・・・・・・24
紫のスヌード・・・・・・・・・・・25
◉ フワフワマフラー・・・・・・・・26
オレンジ色と白のマフラー・・・・・29

つつ編み

ベージュのマフラー・・・31
3色のトラッドマフラー・・・32
モスグリーンのスヌード・・・33
リボン形スヌード・・・33
◉ 白いマフラー・・・34
茶色と白のマフラー・・・37

うで編み ゆび編み

こものいろいろ

ストライプのクラッチバッグ・39
縄編み風クラッチバッグ・・・40
ブックカバー・・・41
アームカバー・・・41
クッション・・・42
ひざかけ・・・43
イスマット・・・43
くさり編みのシュシュ・・・44
アレンジシュシュ・・・46
巾着ポーチ・・・46
カチューシャ・・・47
うで編みバッグ・・・48

How to make ・・・50
うで編み&ゆび編みの基礎・・78

◉ 印の作品は作り方をプロセス写真で解説しています

■ 素材協力:ハマナカ株式会社

はじめに

編み物は苦手……という方にも
編み物は得意……という方にも
楽しんで作ってもらえる
「針を使わないで編める編み物」です。

太い毛糸がなくても大丈夫です。
細い毛糸でも何本どりかで編めます。

糸の組み合わせを考えるのも
楽しみの1つですね。

はじめてでも簡単なものなら
1つ作るのに30分からできます。

それなのに……
できあがりが不思議と豪華！

寒い冬の外出が楽しみになるくらい
ファッショナブルに着こなせます。

だまされたと思って……
1つ作ってみて下さい。

編んでいる時間
身につけたとき
きっと……冬が楽しくなります。

小さな作品に
大きな願いを込めて……

寺西 恵里子

テーマは4つ

うでを使って編みます。
大きな編み目で豪華な仕上がりです。

ゆびで編むので細く編めますが、
つなげ方でボリュームが出ます。

紙の筒を使って、巻いて編みます。
筒の大きさで雰囲気が変わります。

こものいろいろ

うで編み、ゆび編みで作るこものです。
残り糸で作ってもいいですね。

うで編み

毛糸さえあればできるうで編みです。
右手と左手を使って糸のループを作って
うでにかけて編んでいきます。

楽しく作って、おしゃれな装いが楽しめます。

フリンジつきのマフラー

たった6目でこんなに豪華！
太い毛糸3本どりで編んでいます。
フリンジをつけるとより華やかですね。

How to make
P.50

ツートンカラーのマフラー

好きな色と白の組み合わせで
ツートンカラーのマフラーに。
糸を切らずに2色交互に編み進めます。

How to make
P.51

ビッグマフラー

60cm×104cmの大きなマフラーです。
マフラーはもちろん、ストールにも
ひざかけにもなります。

How to make
P.51

オフホワイトのマフラー

太い細いがあるスラブヤーンを
4本どりで編みました。
見た目もふんわりした感じで
あたたかいマフラーに仕上がります。

How to make
P.52

1回ねじりのスヌード

編みあがったら、
1回ねじってとじ合わせます。
それだけで、変化のあるスヌードに！

How to make
P.52

ブルーのスヌード

つなぎ目を前に持ってきてもいいですね。
伸ばしたり、縮めたり……
いろいろスタイリングできるのが
スヌードの魅力です。

How to make
P.53

# うで編み スヌード

ループ糸が
アクセントのスヌード

太い糸に細いループの糸を合わせました。
糸の組み合わせでいろいろなイメージに……。
優しいスヌードです。

How to make
P.53

えんじ色のスヌード

2本どりで編みました。
長さがあるので、二重にして使います。
ねじり目の位置で雰囲気が変わります。

How to make
P.54

茶色のスヌード

2本どりで編んだスヌードです。
始めの作り目、編み方、始末の仕方、つなぎ方
この4つのポイントだけでできています。
とっても簡単なのでこれから作ってみて下さい。

基本のうで編み 茶色のスヌード の作り方

材料

ハマナカ ドゥー！
茶色（6）162g

糸の取り方

1 ラベルを取り、かせを広げます。
2 細い糸を切ります。
3 2つの輪から糸を取り、2本どりにします。

1 始めの目を作ります

1 2本どりで編みます。糸端から編む幅の4倍の長さのところで、輪を作り、手を入れます。

2 編み糸を持ちます。

3 そのまま糸を引き抜きます。

4 右手に通し、引き締めます。1目できました。

2 作り目をします

1 写真のように、左手で糸を持ちます。

2 右手の人さし指で左手の親指の手前の糸(▲)をすくいます。

3 奥の糸(★)をつまんで引き出します。

4 左手の親指をはずします。

5 ◆の輪に右手を通します。

6 2目めができました。

7 糸を引き締めます。

8 2〜7を繰り返し10目編みます。

9 編み始めの糸と編み糸を結びます。

3 編み始め（2段め）を編みます

1 右手で編み糸を持ちます。

2 右手にかかっている糸1目に引き抜きます。

3 引き抜けました。

4 引き抜いた輪を左手にかけます。
※目をねじらないように注意しましょう。

5 左手にかけました。

6 右手で糸を引き締めます。

7 1〜6を繰り返し2段めを編みます。

4 3段めを編みます

1 左手で編み糸を持ち、左手にかかっている糸に引き抜きます。

2 引き抜けました。

3 引き抜いた輪を右手にかけます。
※ねじらないように注意。

4 右手にかけました。

5 左手で糸を引き締めます。

6 1〜5を繰り返し18段編みます。

5 伏せ目をします

1 2目編みます。

2 始めの目を持ちます。

3 持った目を2目めにかぶせながら左手からはずします。

4 はずしました。

5 右手で糸を引き締めます。

6 次の目を編みます。

7 2〜6を繰り返し、最後まで伏せ目をします。

8 糸を120cm残して切ります。

9 最後の目に通します。

10 引き締めて、伏せ目ができました。

ここまでで、マフラーになります。

6 とじます（巻きとじ） ※わかりやすいように、白い糸でとじています。

1 編み始めと編み終わりの目に糸を入れます。

2 隣りの目の向こう側から糸を入れます。

3 引き締めます。

Arm knitting Snood

4 2・3を繰り返し、すべての目をとじます。

5 編み終わりの糸を端にからませて、切ります。

6 できあがりです。

できあがりサイズ
幅約30cm×一周約80cm

色ミックスのマフラー

茶色に赤に白、3色で編んだ
ちょっと太めで長めのマフラーです。
つけると豪華な雰囲気に！

How to make
P.54

フワフワマフラー

ファーのついた毛糸で編みます。
短めに作って、片方の端を
もう片方の編み目に通して、とめます。

How to make
P.55

基本の茶色のマフラー

基本のスヌード(P.12)と同じように編み始め、
長めに編んだら、伏せ目でとめるだけ！
長さはお好みで！

How to make
P.55

黒とブルーのスヌード

大きく編んで、幅2つに折ります。
折ったところを重ねてつないでいます。
二重なので、よりあたたかいですね。

How to make
P.56

フワフワ白いスヌード

ファーのついた毛糸4本どりで
しっかり編んだスヌードです。
細い糸も何本かまとめるといいですね。

How to make
P.56

ツートンカラーのスヌード

薄茶と赤、黒と赤、
真ん中で色を替えました。
服の色に合わせて、巻き方を変えても……

How to make
P.57

子どもからお年寄りまで
人気のゆび編みです。
組み合わせ方で大人な仕上がりに……

茶色とブルーのマフラー

短く編んだゆび編みを
輪にしながらつなげていきます。
配色を自由につなげてもいいですね。

How to make
P.58

モチーフマフラー

短いゆび編みを編み、数本組み合わせて
モチーフを作って、つなげます。
フリンジもつけましょう。

How to make P.59

ゆび編み マフラー

2本で輪つなぎのマフラー

2本まとめて輪にして
茶色とえんじ色を交互につなぎます。
途中の輪の中に端を通すととまります。

How to make
P.60

輪つなぎのマフラー

輪をつなげて作ったマフラーを
3本まとめて端で結びます。
3つの糸が混じり合ってステキなマフラーに！

How to make
P.60

ゆび編み
スヌード

白のキラキラスヌード

2種類の糸で作った輪を
ランダムにつなげていきます。
キラキラ光る糸がいいですね。

How to make
P.61

肩に添うスヌード

長く編んだゆび編みを
グルグルつなげて、作ります。
肩の傾斜に添わせています。

How to make
P.62

紫のスヌード

同じ長さに編んだゆび編みを5本つなげて、1回ねじって端と端を結ぶだけ！ 簡単です。

How to make P.62

基本の ゆび編み
フワフワマフラー

短く編んだゆび編みを
始めのを輪にして、次のを通して輪にして……
それだけでマフラーに！
お子さんでもできるので、いっしょに作ってみて下さい。

基本のゆび編み フワフワマフラー の作り方

材 料

ハマナカ ルーポ 紺（12）18g
ハマナカ ルーポ 白（1）18g

糸端の取り方

1 ラベルを取ります。
2 中心に指を入れ、糸のかたまりを取り出します。
3 その中から、糸端を取ります。

1 糸を指にかけます

1 1本どりで編みます。親指の間に糸をはさみます。
2 親指に糸を2回巻きます。
3 中指と小指の後ろに糸をかけます。
4 小指と中指の前に糸をかけます。

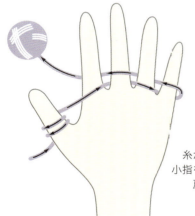

糸かけの順番です。小指をくるっと巻いて、戻ってきます。

2 2段めを編みます

1 糸を前にもってきます。
2 人さし指にかかっている糸をもちます。

3 そのまま糸を人さし指の後ろにもっていきます。
4 新しい糸が指にかかり、1目編めました。
5 同じように、中指、くすり指、小指を編み、1段編めました。

始めにかけた糸が1段めになるので、ここで編んだところが2段めになります。

3 3段めを編みます

1 手の甲にまわして、糸を前にもってきます。

2 人さし指から編み始め、2段めと同じように繰り返し編んでいきます。

親指の糸は、途中ではずし、数段編めたら、後ろの編み始めの糸を引っぱります。

少し慣れたら指先（第一関節あたり）で編みましょう。

3 24cmまで編みます。

4 糸の始末をします

1 残りの糸を30cmくらい残して、切ります。

2 手の甲側からまわした糸を、人さし指の糸の下から上に通します。

3 残りの指にかかった糸も、順に下から上に糸を通します。

4 すべてに糸が通ったら、指からはずして、糸を引っぱります。

5 紺6本、白6本を作ります。
※ゆび編みを同じ長さに作る方法はP.68にあります。

5 仕上げます

1 編み始めと編み終わりの糸端どうしを結びます。

2 2回結びます。

Finger knitting Muffler

3 糸端を切り、編んだ中にからめます。

4 次に紺の輪に白を通して結び、糸端を始末します。

5 紺と白、交互に結んで、できあがりです。

できあがりサイズ

幅約7cm×長さ約100cm

ゆび編みマフラー

オレンジ色と白のマフラー

長く編んだ5本のゆび編みを
つなげて作ります。
フリンジもつけて、華やかに！

How to make P.63

ゆび編みのつなぎ方(コの字とじ)

1 糸をつけたとじ針で2目すくいます。

2 もう1本を2目すくいます。

3 交互にすくいます。

4 数回繰り返したら、糸を引きます。

29

つつ編み 紙の筒を使って、毛糸を巻くだけでできる
超簡単な編み物です。
紙の筒の本数を変えたり、アレンジもいろいろ！

ベージュのマフラー

4本の筒を使って編みます。
スラブヤーンなので
凸凹した感じがいいですね。

3色のトラッドマフラー

糸を替えながら編んでいきます。
糸の結び目は中に入れます。
色の組み合わせでいろいろに！

How to make
P.64

つつ編み マフラー&スヌード

モスグリーンのスヌード

3本の筒で編んだら
同じ段の芯糸を結ぶだけ！
好きな色で作りましょう。

How to make P.64

リボン形スヌード

短めに編んだら、
芯糸の始めと終わりを
1つにまとめて結ぶだけでかわいい形が。

How to make P.65

基本のつつ編み 白いマフラー

はじめに紙で筒を作ります。
筒に芯になる毛糸をつけたら
毛糸を3本の筒に巻いていくだけ！
最後に芯と巻いた毛糸を結んだらできあがりです。

基本のつつ編み 白いマフラー の作り方

材料
ハマナカソノモノスラブ〈超極太〉
白（31）40g×3玉

1 筒を作ります

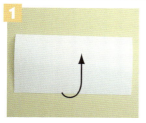

1 27cm×14cmの画用紙を3枚用意します。

2 画用紙を直径2.5cmに巻きます。

3 巻き終わりをセロハンテープでとめます。

4 数ヶ所、セロハンテープでとめます。

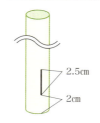

5 カッターで、切り込みを入れ、筒のできあがりです。同じものを3本作ります。

切り込みの位置
2.5cm
2cm

2 筒に芯糸をつけます

各毛糸玉から、1組ずつ作ります。

1 3本どりにした毛糸を2mずつ3組用意します。

2 芯糸の毛糸の端3本をまとめて、セロハンテープでとめます。

3 筒の切り込みに、**2**を通します。

4 穴から芯糸（♥）を出し、（★）とひと結びします。

5 3本用意します。

3 毛糸を巻きます

残っている毛糸玉3個から1本ずつ3本セットにし、端を30cm残して筒にのせます。

筒の根元を持ち左から上、下、上と交互に毛糸をかけます。

毛糸を後ろからまわし、下、上、下と交互に毛糸をかけます。

2を繰り返します。

3を繰り返します。

毛糸を筒の根元に寄せます。

2・3・6を繰り返し、筒の上まで巻きます。

巻いた糸から筒が7〜8cm出るように、1本ずつ上にずらします。

3本ずらしました。

繰り返し巻きます。

糸が残り30cmになるまで、巻きます。

あまりきつく巻くと筒がつぶれてしまうので、気をつけましょう。

4 筒を抜きます

筒を抜きます。
（下側と上側の芯糸の出ている長さが同じになるようにします）

筒から糸をはずします。

全体を約95cmになるように、整えます。

Point

大きな隙間ができないように、つまりすぎないように、端から調整しましょう。

5 糸の始末をします

1 巻き始めの糸を横にします。

2 巻き糸をAと結びます。

3 巻き糸をB、Cと順に結びます。

4 巻き糸を引っぱり、まとめてもうひと結びします。

5 もう一度結びます。

6 まとめて、12cmで切り、巻き始め側ができました。

7 巻き終わり側も **1**〜**6** と同じようにし、できあがりです。

Tube knitting Muffler

できあがりサイズ
幅約12cm×長さ約120cm

つつ編みマフラー

茶色と白のマフラー

2色の糸を混ぜて編みました。
少し太めの紙の筒で短めに仕上げます。
ふんわりした感じがいいですね。

How to make P.65

うで編み ゆび編み こものいろいろ

うで編み、ゆび編みを使ってできる
あったかな雰囲気のかわいいこものです。
簡単にできるのにステキに仕上がります。

ストライプのクラッチバッグ

短いゆび編みをつなげて作ります。
内袋にファスナーをつけて
ニットと縫い合わせています。

How to make
P.66

縄編み風クラッチバッグ

たくさんゆび編みを編んで
中央には三つ編みを縫いつけます。
内袋をつけたら、木のボタンをつけます。

How to make
P.68

うで編み ゆび編み こものいろいろ

ブックカバー

ゆび編みを何本もつなげた
あったかなブックカバーです。
しおりにはポンポンを作ります。

How to make
P.67

アームカバー

親指を出すところだけあけて
何本ものゆび編みを縫い合わせて作ります。
太さや長さは調整しても……

How to make
P.70

41

うで編み ゆび編み こものいろいろ

クッション

同じ長さに編んだゆび編みを
織るように重ねてカバーを作ります。
ゆび編みとは思えない仕上がりです。

How to make P.72

ひざかけ

うで編みで作ります。
太い毛糸とループ毛糸の組み合わせもいいですね。
大きさは自由。もっと大きく作っても……

How to make
P.71

イスマット

長く編んだゆび編みを
ボンドをつけたフェルトの土台に
中心から貼っていくだけでできます。

How to make
P.71

ゆび編み 応用 くさり編みのシュシュ

ゴムにゆびでくさり編みを作って
編みつけていきます。
何目とかでなく、好きなボリュームで！

右ページの作品

How to make
A〜D材料
P.74

ゆび編み応用 くさり編みのシュシュ の作り方

材料
ハマナカ カナディアン3S ピンク（12）10g
ハマナカ スパングラス ピンク（8）2g
ヘアゴム（黒）1本

カナディアン3S 3本(1束)と、スパングラス1本を合わせます。

Point
3目のくさり編みをゆるく編むのがポイントです。

1 作り目をつくり、1模様編みます

1 糸をねじって輪を作り、そこに指を入れて糸を引き出し、作り目の輪を作ります。

2 1にゴムをかけます。

3 作り目に、指を入れます。

4 ゴムの上で糸を取ります。

5 作り目から糸を引き出します。

6 3〜5を2回繰り返します。もう一度繰り返し、3目編みます。

7 ゴムの中に指を入れ、糸を引き出します。

8 糸を引き出し、くさり編み3目のひと模様編めました。

9 ゴムが隠れるくらい、みっちり編みます。

2 糸の始末をします

1 糸を切ります。

2 輪になっている糸を引っぱり出します。

3 糸端を切り、編んだところにからめて、できあがりです。

アレンジシュシュ

ゴムに通しながらシュシュを作ります。
シュシュが編めたら、
そこに別の糸でくさり編みを編みつけます！

How to make
P.75

巾着ポーチ

うで編みで作ります。
二つに折って、リボンを通すだけ！
布の内袋を入れて使いましょう。

How to make
P.76

カチューシャ

ゆび編みを編んで
ゴムをつけるだけでできます。
糸によって表情が違うのが楽しいですね。

How to make
P.77

うで編み ゆび こものいろいろ

うで編みバッグ

うで編みでバッグが！！
編んだら2つ折りにして
端を結んで持ち手に。

うで編みバッグの作り方

材 料
ハマナカ コンテ
えんじ色(4) 90g

できあがりサイズ
幅約42cm×長さ約40cm

※内袋の作り方
70ページにあります。

作り方

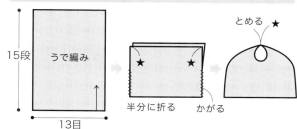

15段 うで編み
13目
半分に折る
かがる
とめる ★

1 本体を編みます

1. 2本どりで編みます。うで編みの作り目で13目編みます。

2. 2段めを編みます。

3. 15段編みます。

うで編みの詳しい編み方は13〜15ページにあります。

2 袋の形にします

4. 伏せ止めをします。

1. 半分に折ります。

2. 新しい糸を2枚の目に通し、上3段を残して、脇を巻きかがります。

3. 糸を引っぱり、とじます。

3 持ち手を作ります

4. 上3段を残して、両脇をとじます。

1. 上の1枚ずつの両端を持ちます。

2. 両端どうしを結びます。

3. 反対側も結んで、できあがりです。

うで編み フリンジつきのマフラー

P.7

材料
ハマナカ コンテ ネービー(6) 260g

できあがりサイズ
幅約18cm×長さ約176cm

作り方
＊コンテ3本どりで編みます。
① 6目作り目をします。
② 33段編みます。
③ 編み終わりを伏せ止めします。
④ フリンジをつけます。

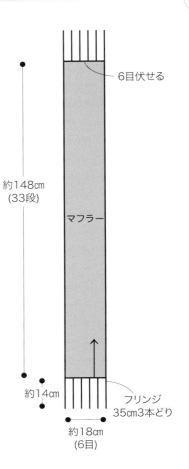

6目伏せる
約148cm (33段)
マフラー
約14cm
フリンジ 35cm3本どり
約18cm (6目)

フリンジの作り方

1

35cmを3本用意します。

2

半分に折ります。

3

マフラーの端に、2を通します。

4

フリンジの輪(★)に端(♥)を通します。

5

そのまま引き締めます。

6

1〜5を繰り返し、6本つけます。

7

端を切りそろえます。

8

できあがりです。

うで編み ツートンカラーのマフラー

P.8

材料

ハマナカ ドゥー！ 茶色(6) 120g
ハマナカ ドゥー！ 白(1) 110g

Arm knitting Muffler

できあがりサイズ

幅約25cm×長さ約170cm

作り方

＊ドゥー！ 茶色 2本
　ドゥー！ 白　 2本
　各2本どりで編みます。

① 7目作り目をします。
② 2段編むごとに、糸を変えます。
③ 全部で34段編みます。
④ 編み終わりを伏せ止めします。

※糸は2段編み終えたら、糸を切らずに次の色の糸と結びます。
　2段編んだら前の糸をとります。
　同じように2段ごとに糸を替えて、編みます。

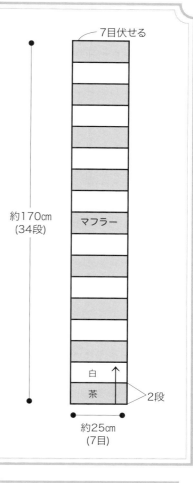

7目伏せる

約170cm (34段)

白
茶　2段

約25cm (7目)

うで編み ビッグマフラー

P.9

材料

ハマナカ カナディアン3S<ツイード> ピンク(105)　200g

Arm knitting Muffler

できあがりサイズ

幅約60cm×長さ約104cm

作り方

＊カナディアン3S<ツイード>
　9本どり(3束)で編みます。

① 15目作り目をします。
② 23段編みます。
③ 編み終わりを伏せ止めします。

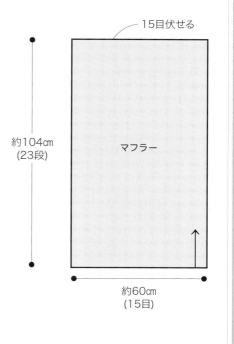

15目伏せる

約104cm (23段)

マフラー

約60cm (15目)

うで編み オフホワイトのマフラー

P.9

材料
ハマナカ ソノモノスラブ<超極太> 白(31) 310g

Arm knitting Muffler

できあがりサイズ
幅約28cm×長さ約124cm

作り方
*ソフモノスラブ<超極太> 4本どりで編みます。

① 10目作り目をします。
② 31段編みます。
③ 編み終わりを伏せ止めします。

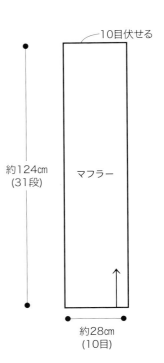

10目伏せる

約124cm (31段)

マフラー

約28cm (10目)

うで編み 1回ねじりのスヌード

P.10

材料
ハマナカ コンテ 白(1) 70g
ハマナカ コンテ グレー(2) 70g

Arm knitting Snood

できあがりサイズ
幅約35cm×一周約95cm

作り方
*コンテ 白 1本
 コンテ グレー 1本
 計2本どりで編みます。

① 13目作り目をします。
② 15段編みます。
③ 編み終わりを伏せ止めします。
④ 1回ねじり、編み始めと編み終わりをつなぎます。

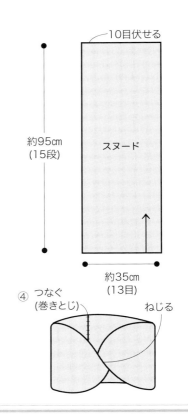

10目伏せる

約95cm (15段)

スヌード

約35cm (13目)

④ つなぐ (巻きとじ)
ねじる

うで編み ブルーのスヌード

P.10

材料
ハマナカ カナディアン3S ブルー(9)　160g

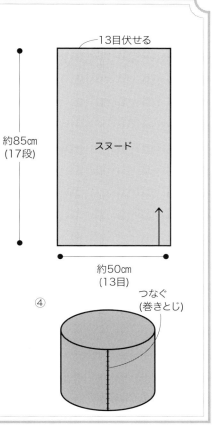

13目伏せる

約85cm
(17段)

スヌード

約50cm
(13目)

できあがりサイズ
幅約50cm×一周約85cm

作り方
*カナディアン3S
　9本どり(3束)で編みます。

① 13目作り目をします。
② 17段編みます。
③ 編み終わりを伏せ止めします。
④ 編み始めと編み終わりをつなぎます。

④　つなぐ(巻きとじ)

うで編み ループ糸がアクセントのスヌード

P.11

材料
ハマナカ ドゥー！　薄茶(9)　90g
ハマナカ ソノモノループ　白(51)　40g

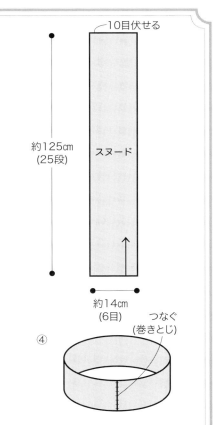

10目伏せる

約125cm
(25段)

スヌード

約14cm
(6目)

できあがりサイズ
幅約14cm×一周約125cm

作り方
*ドゥー！　1本
　ソノモノループ　2本
　計3本どりで編みます。

① 6目作り目をします。
② 25段編みます。
③ 編み終わりを伏せ止めします。
④ 編み始めと編み終わりをつなぎます。

④　つなぐ(巻きとじ)

うで編み えんじ色のスヌード

P.11

材料
ハマナカ コンテ えんじ色(4) 200g

Arm knitting Snood

できあがりサイズ
幅約25cm×一周約140cm

作り方
＊コンテ
2本どりで編みます。

① 10目作り目をします。
② 33段編みます。
③ 編み終わりを伏せ止めします。
④ 編み始めと編み終わりをつなぎます。

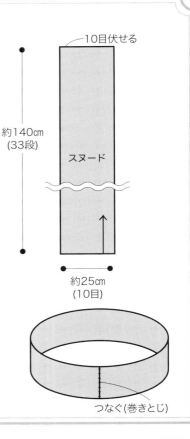

約140cm (33段)
スヌード
約25cm (10目)
10目伏せる
つなぐ(巻きとじ)

うで編み 色ミックスのマフラー

P.16

材料
ハマナカ コンテ 白(1)、茶色(3)、赤(4) 各170g

Arm knitting Muffler

できあがりサイズ
幅約44cm×長さ約148cm

作り方
＊コンテ 白 1本
　コンテ 茶色 1本
　コンテ 赤 1本
　計3本どりで編みます。

① 13目作り目をします。
② 37段編みます。
③ 編み終わりを伏せ止めします。

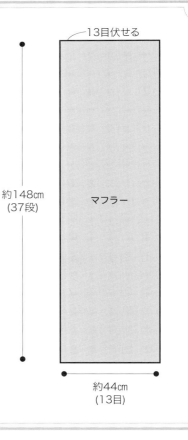

約148cm (37段)
マフラー
約44cm (13目)
13目伏せる

うで編み フワフワマフラー

P.17

材料
ハマナカ ルーポ 紺(12) 95g

できあがりサイズ
幅約20cm×長さ約90cm

作り方
*ルーポ
　4本どりで編みます。

① 7目作り目をします。
② 15段編みます。
③ 編み終わりを伏せ止めします。

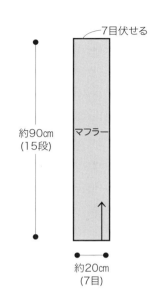

7目伏せる

約90cm
(15段)

マフラー

約20cm
(7目)

うで編み 基本の茶色のマフラー

P.17

材料
ハマナカ ドゥー! 茶色(6) 350g

できあがりサイズ
幅約30cm×長さ約186cm

作り方
*ドゥー!
　2本どりで編みます。

① 10目作り目をします。
② 43段編みます。
③ 編み終わりを伏せ止めします。

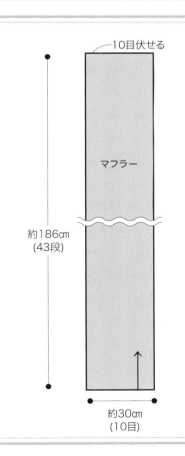

10目伏せる

マフラー

約186cm
(43段)

約30cm
(10目)

うで編み 黒とブルーのスヌード

P.18

材料
ハマナカ ドゥー! 黒(8) 170g
ハマナカ フーガ ブルー(15) 60g

できあがりサイズ
幅約25cm×一周約76cm

作り方
＊ドゥー! 2本
　フーガ 2本
　計4本どりで編みます。

① 14目作り目をします。
② 13段編みます。
③ 編み終わりを伏せ止めします。
④ 2つに折り、編み始めと編み終わりをつなぎます。

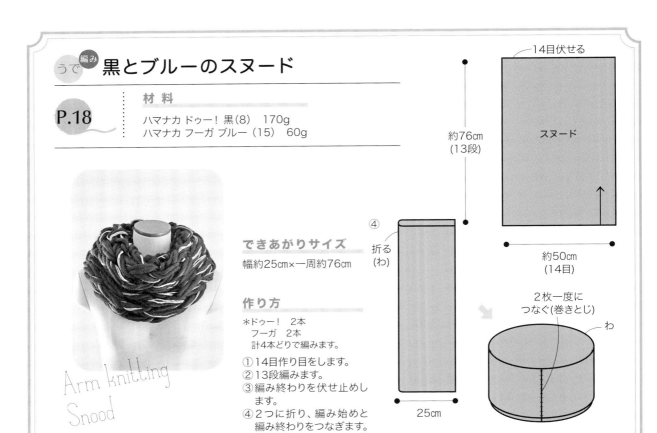

うで編み フワフワ白いスヌード

P.18

材料
ハマナカ ルーポ 白(1) 150g

できあがりサイズ
幅約17cm×一周約130cm

作り方
＊ルーポ
　4本どりで編みます。

① 6目作り目をします。
② 20段編みます。
③ 編み終わりを伏せ止めします。
④ 編み始めと編み終わりをつなぎます。

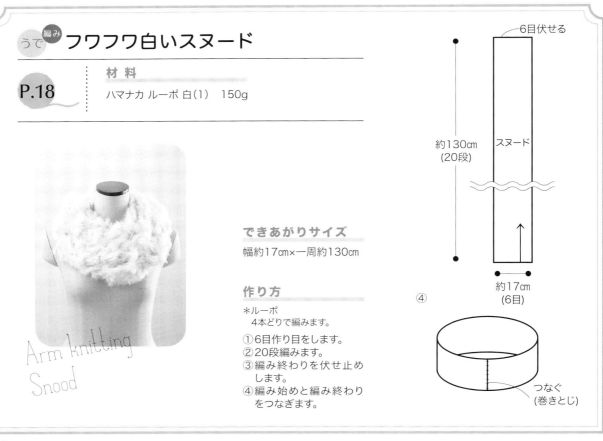

うで編み ツートンカラーのスヌード

P.19

材料

ハマナカ コンテ 赤(4) 150g
ハマナカ ドゥー！薄茶(9) 75g
ハマナカ ドゥー！黒(8) 75g

できあがりサイズ
幅約15cm×一周約126cm

作り方

*[A]ドゥー！薄茶　2本
　 コンテ 赤　1本
 [B]ドゥー！黒　2本
　 コンテ 赤　1本
各計3本どりで編みます。

① 8目作り目をします。
② 18段編み、糸を替え18段編みます。
③ 編み終わりを伏せ止めします。
④ 編み始めと編み終わりをつなぎます。

※糸の替え方
編み終わりの糸を切り、編み始めの糸と結びます。
結び目は編み終わってから短く切り、糸端を編み目にからめます。

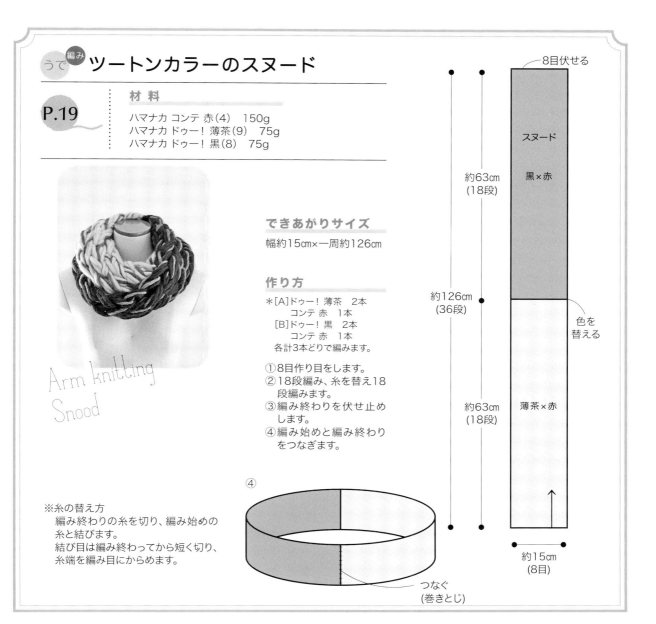

この本のサイズ表記について

うで編みもゆび編みも、編む人の腕や指の大きさ、編むときの糸のゆるめ方などで1目の大きさが違ってきます。

寸法の方を合わせるようにし、
段数、目数はめやすとして見るといいでしょう。
特に段数の差は大きいので、指定にとらわれず
好みの長さまで編んでみましょう。

ゆび編み 茶色とブルーのマフラー

P.21

材料

ハマナカ ソノモノスラブ<超極太> こげ茶(33)　90g
ハマナカ フーガ ブルー(15)　60g
ハマナカ ソノモノ<超極太> 薄茶(12)　50g

Finger knitting Muffler

できあがりサイズ

幅約13cm×長さ約146cm

作り方

*ソノモノ<超極太> 薄茶　2本
　ソノモノスラブ<超極太>
　　こげ茶　2本
　フーガ ブルー　4本
　各本数どりで編みます。

① 約26cmに各本数編みます。
② 輪にしながら図のようにつなげます。
③ フリンジをつけます。

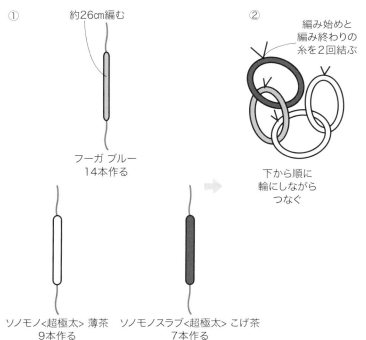
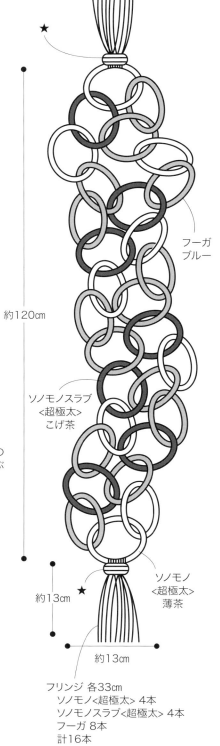

★フリンジのつけ方はP.50参照

ゆび編み モチーフマフラー

P.22

材料
ハマナカ コンテ 赤(4)　190g
ハマナカ コンテ 茶色(3)　190g

できあがりサイズ
幅約18cm×長さ約184cm

作り方
*コンテ 赤
　コンテ 茶色
　各1本どりで編みます。
① [A]〜[D]のモチーフを作ります。
② モチーフをつなぎます。
③ フリンジをつけます。

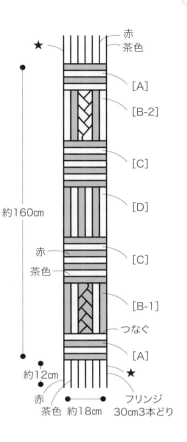

約160cm
赤
茶色
[A]
[B-2]
[C]
[D]
赤
茶色
[C]
[B-1]
つなぐ
[A]
約12cm
赤　茶色　約18cm
フリンジ 30cm3本どり

モチーフの作り方

[A、C]
① 約18cmに編みます。
　(A:赤2本、茶色2本、C:赤4本、茶色3本作ります。)
② 1本ずつ順につなぎます。

[A] ※Cは本数違いで、同じ手順です。

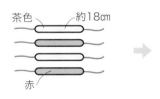

茶色　約18cm
赤

つなぐ

[C]

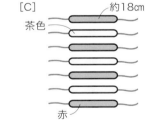

約18cm
茶色
赤

[B-1、B-2]
① 約22cmに編みます。
　(B-1：赤5本、茶色2本、B-2：赤2本、茶色5本作ります。)
② 左2本、右2本をそれぞれつなぎ合わせます。
③ 真ん中を三つ編みします。
④ ②と③をつなぎます。

[B-1] ※B-2は配色違いで、同じ手順です。

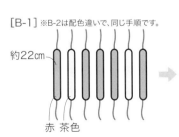

約22cm
赤　茶色

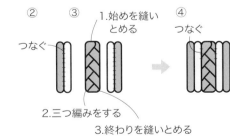

② ③
つなぐ
1.始めを縫いとめる
2.三つ編みをする
3.終わりを縫いとめる
④ つなぐ

[D]
① 約22cmに編みます。
　(赤3本、茶色3本作ります。)
② 1本ずつ順につなぎます。

[D]

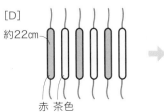

約22cm
赤　茶色

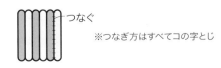

つなぐ
※つなぎ方はすべてコの字とじ

★フリンジのつけ方はP.50参照

2本で輪つなぎのマフラー

P.23

材料
ハマナカ コンテ 茶色(3) 120g
ハマナカ コンテ 赤(4) 120g

できあがりサイズ
幅約10cm×長さ120cm

作り方
*コンテ
　各1本どりで編みます。
①約26cmに各16本編みます。
②2本ずつセットで輪にしながらつなげます。

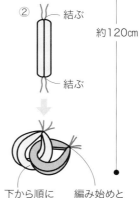

① 約26cm編む
コンテ 茶16本 赤16本

② 結ぶ 結ぶ

下から順に輪にしながらつなぐ
編み始めと編み終わりの糸を2回結ぶ

マフラー
約120cm
コンテ 赤
コンテ 茶色
約10cm

輪つなぎのマフラー

P.23

材料
ハマナカ オフコース！ビッグ ブルー(117) 80g
ハマナカ ルナモール 紺(8) 70g
ハマナカ AL 紺(5) 30g

できあがりサイズ
幅約18cm×長さ約94cm

作り方
*AL 紺　3本
　ルナモール 紺　2本
　オフコース！ビッグ ブルー　2本
　各本数どりで編みます。
①各長さに各本数編みます。
②輪にしながらつなげます。
③②でできた3本の両端をまとめて結びます。
④③の結び目の上にフリンジをつけ、ひと結びします。

★フリンジのつけ方はP.50参照

約27cm編む
AL紺 オフコース！ビッグ ブルー 各10本作る

約25cm編む
ルナモール 紺 各12本作る

マフラー
結ぶ ★
ルナモール 紺
AL ブルー
約70cm
オフコース！ビッグ ブルー
★
約14cm
フリンジ 各38cm4本どり
約15cm

白のキラキラスヌード

P.24

材 料
ハマナカ ルナモール 白(11) 100g
ハマナカ AL 白(1) 80g

Finger knitting Snood

できあがりサイズ
幅約20cm×一周約75cm

作り方

*ハマナカ ルナモール 2本
ハマナカ AL 3本
各本数どりで編みます。

① 約26cmに各本数編みます。
② 輪にしながら、図のようにつなげます。

①
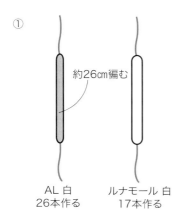

約26cm編む

AL 白
26本作る

ルナモール 白
17本作る

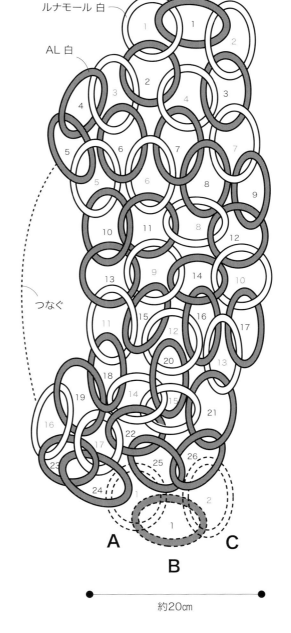

約75cm

ルナモール 白
AL 白

つなぐ

約20cm

※上から番号順につなげ、ルナモールの16はALの5に、ALの24、25、26は、はじめのABCの輪につなぐ

肩に添うスヌード

P.24

材料
ハマナカ ドゥー! グレー(7) 250g

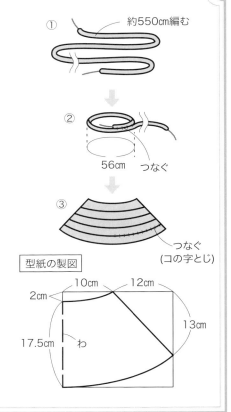

できあがりサイズ
幅約17.5cm×裾の長さ約92cm

作り方
＊ドゥー!
　1本どりで編みます。

① 約550cmに編みます。
② 輪にします。
③ 広げながらつなぎます。
　※型紙に合わせながら
　　つなぎます。

紫のスヌード

P.25

材料
ハマナカ アランツイード 紫(10) 115g

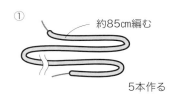

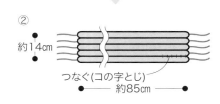

できあがりサイズ
幅約14cm×一周約85cm

作り方
＊アランツイード
　2本どりで編みます。

① 約85cmに5本編みます。
② 5本をつなぎます。
③ 1回ねじり、結びます。

ゆび編み オレンジ色と白のマフラー

P.29

材料

ハマナカ ドゥー! オレンジ色(3)　200g
ハマナカ ドゥー! 白(1)　120g

できあがりサイズ

幅約16cm×長さ約157cm

作り方

*ドゥー!
　各色1本どりで編みます。

①約125cmにオレンジ色3本、白2本編みます。
②5本をつなげます。
③フリンジをつけます。

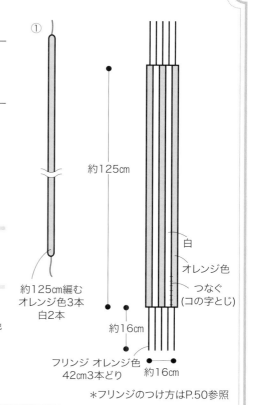

約125cm編む
オレンジ色3本
白2本

白
オレンジ色
つなぐ
(コの字とじ)

約16cm

フリンジ オレンジ色
42cm3本どり

約16cm

*フリンジのつけ方はP.50参照

つつ編み ベージュのマフラー

P.31

材料

ハマナカ ソノモノスラブ<超極太> 薄茶(32)　260g
ハマナカ ソノモノスラブ<超極太> 白(31)　130g

できあがりサイズ

幅約16cm×長さ約146cm

作り方

*ソノモノスラブ<超極太>
　薄茶2本、白1本
　計3本どりで編みます。

①直径3cmの紙筒を4本作ります。
②紙筒に芯糸をつけます。
③紙筒4本に毛糸を巻きます。
④最後まで編んだら紙筒をはずし、整えます。
⑤巻き糸と芯糸を結びます。

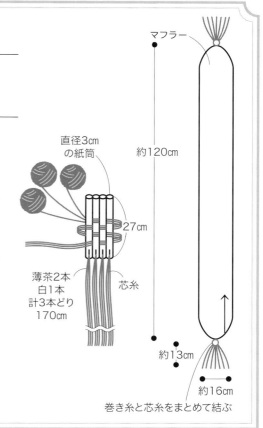

マフラー
約120cm
直径3cmの紙筒
27cm
薄茶2本
白1本
計3本どり
170cm
芯糸
約13cm
約16cm
巻き糸と芯糸をまとめて結ぶ

つつ編み 3色のトラッドマフラー

P.32

材料
ハマナカ オフコース！ビッグ 紺(108) 40g
ハマナカ オフコース！ビッグ えんじ色(105) 40g
ハマナカ オフコース！ビッグ からし色(115) 20g

Tube knitting Muffler

できあがりサイズ
幅約10cm×長さ約111.5cm

作り方
＊オフコース！ビッグ 紺、えんじ色、からし色
各2本どりで編みます。
① 直径2cmの紙筒を3本作ります。
② 紙筒に芯糸をつけます。
③ 紙筒3本に色を替えながら、毛糸を巻きます。
④ 最後まで編んだら紙筒をはずし、整えます。
⑤ 巻き糸と芯糸を結びます。

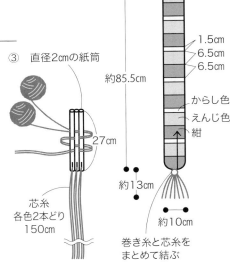

＊糸の替え方
編み終わりの糸を切り、次の糸と結びます。
糸端は編み終わってから短く切り、内側に入れます。

つつ編み モスグリーンのスヌード

P.33

材料
ハマナカ ドゥー！ モスグリーン(2) 110g
ハマナカ アランツィード グレー(3) 50g

Tube knitting Snood

できあがりサイズ
幅約14cm×長さ約65cm

作り方
＊ドゥー！ 1本
アランツィード 2本
計3本どりで編みます。
① 直径3cmの紙筒を3本作ります。
② 紙筒に芯糸をつけます。
③ 紙筒3本に毛糸を巻きます。
④ 最後まで編んだら紙筒をはずし、整えます。
⑤ 巻き糸と芯糸を結び、芯糸どうしを結びます。

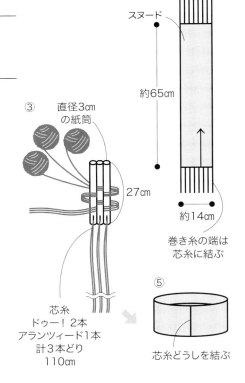

つつ編み リボン形スヌード

P.33

材料
ハマナカ カナディアン3S<ツィード> 紺(107) 135g

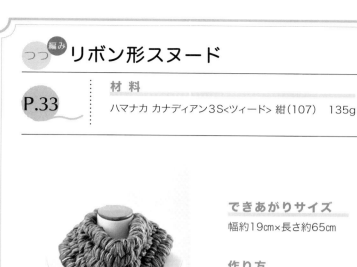
Tube knitting Snood

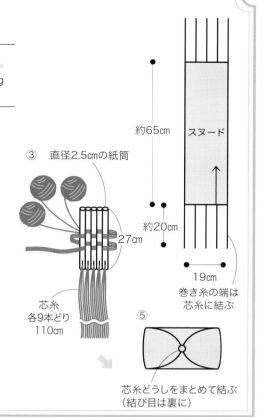

できあがりサイズ
幅約19cm×長さ約65cm

作り方
＊カナディアン3S<ツィード>
9本どり(3束)で編みます。
① 直径2.5cmの紙筒を5本作ります。
② 紙筒に芯糸をつけます。
③ 紙筒5本に毛糸を巻きます。
④ 最後まで編んだら紙筒をはずし、整えます。
⑤ 巻き糸と芯糸を結び、まとめてひと結びします。

つつ編み 茶色と白のマフラー

P.37

材料
ハマナカ ソノモノスラブ<超極太> こげ茶(32) 260g
ハマナカ ソノモノスラブ<超極太> 白(31) 130g

Tube knitting Muffler

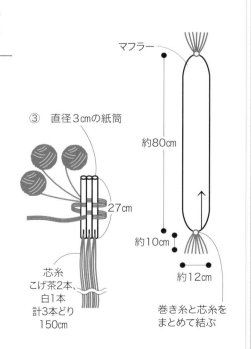

できあがりサイズ
幅約12cm×長さ約100cm

作り方
＊ソノモノスラブ<超極太>
こげ茶2本、白1本
計3本どりで編みます。
① 直径3cmの紙筒を3本作ります。
② 紙筒に芯糸をつけます。
③ 紙筒3本に毛糸を巻きます。
④ 最後まで編んだら紙筒をはずし、整えます。
⑤ 巻き糸と芯糸を結びます。

ストライプのクラッチバッグ

P.39

材料

ハマナカ オフコース！ビッグ 赤（112） 100g
ハマナカ オフコース！ビッグ 紫（114） 90g

できあがりサイズ

高さ約20cm×幅約31cm

作り方

＊オフコース！ビッグ 赤、紫 各色2本どりで編みます。

①ゆび編みで約20cmに赤、紫各12本編みます。
②同じ色を2本ずつつなぎます。
③②を交互に6組ずつつなぎます。
④③を2枚縫い合わせます。
⑤内袋を入れて、縫い合わせます。
⑥ポンポンを作り、ファスナーのスライダーにつけます。

① 約20cm編む

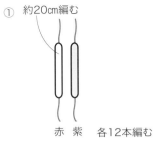

赤　紫　各12本編む

② つなぐ

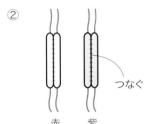

赤　紫　各6組作る

③

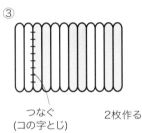

つなぐ（コの字とじ）　2枚作る

④

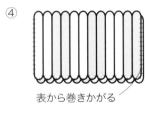

表から巻きかがる

内袋の作り方

材料

木綿地 赤　66cm×22cm
ファスナー 赤　30cm1本

内袋 2枚　22cm　33cm

①ファスナーをつけます。

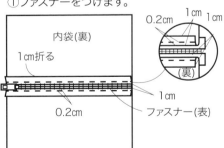

内袋(裏)　1cm折る　0.2cm　1cm　1cm　0.2cm　ファスナー(表)　(裏)

②2つ折りにし、まわりを縫います。

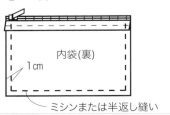

内袋(裏)　1cm　ミシンまたは半返し縫い

⑤ 脇、底の縫い代は内側に折る　内袋

内袋に縫いつける

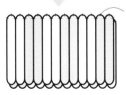

⑥ 赤　ポンポン 直径3cm（40回巻き）　結ぶ　2cm

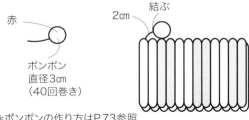

＊ポンポンの作り方はP.73参照

ブックカバー

P.41

材料
ハマナカ ソノモノ<超極太> アイボリー(11) 60g

Finger knitting Book cover

できあがりサイズ
高さ約16cm×幅約13cm
(文庫本サイズ)

作り方

*ソノモノ<超極太>
　1本どりで編みます。

①ゆび編みで約16cmに9本
　編みます。
②つなぎ合わせます。
③ポンポンを作り、つけます。
④内布を縫い合わせます。

①
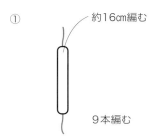
約16cm編む
9本編む

②
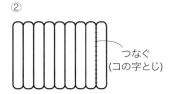
つなぐ
(コの字とじ)

内布の作り方

材料
木綿地 ベージュストライプ　34.5cm×18cm

内布 1枚　18cm
34.5cm

①端を縫います。
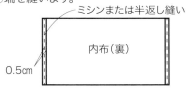
ミシンまたは半返し縫い
内布(裏)
0.5cm

②左右を折り、上下を仮止めします。
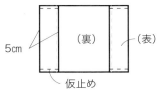
5cm　(裏)　(表)
仮止め

③上下を折ります。
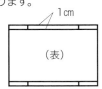
1cm
(表)

③
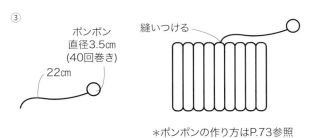
ポンポン
直径3.5cm
(40回巻き)
22cm
縫いつける

*ポンポンの作り方はP.73参照

④
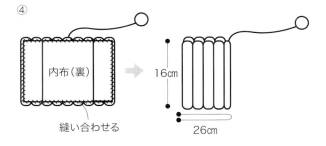
内布(裏)
縫い合わせる
16cm
26cm

縄編み風クラッチバッグ

P.40

材料
ハマナカ コンテ 白(1) 210g

Finger knitting Clutch Bag

できあがりサイズ
幅約20cm×高さ約31cm

作り方
＊コンテ 1本どりで編みます。

① ゆび編みで約20cmに22本編みます。
② 4本ずつつなぎ、4組作ります。
③ 3本で三つ編みを、2組作ります。
④ ②と③をつなぎます。
⑤ ④を縫い合わせます。

① 約20cm編む / 22本作る

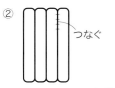

② つなぐ / 4組作る

③ 1.始めを縫い止める / つなぐ / 2.三つ編みする / 3.終わりを縫い止める / 2組作る

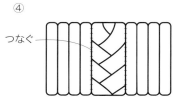

④ つなぐ / 2枚作る

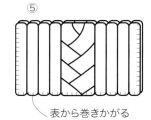

⑤ 表から巻きかがる

ゆび編みを同じ長さに作る方法

[20cmを作る場合]

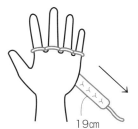

①後ろを引っぱり、作りたい長さより1目分(この場合1cm)短いところで糸の上を始末して指からはずします。

19cm

②編んだ段数を数えます。

20cm

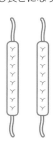

③同じ段数編めば、同じ長さになります。

クラッチバッグ内袋の作り方、つけ方

材料
厚手木綿地　ストライプ　33cm×46cm
木のボタン　3cm1個

1
ゆび編みのバッグを作ります。

2
布を切ります。
(33cm×46cm)

3
中表にして、2つに折り、脇を縫います。

4
上をアイロンで折ります。

5
1の中に4を入れます。

6
端を縫い合わせます。
(まつり縫い)

7
ぐるっと1周縫い合わせます。

8
ボタンをつけます。

9
ボタンを編み目に通して、できあがりです。

ゆび編みを休ませる方法

①厚紙に自分の手を写します。
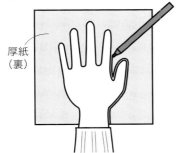

②切り取ります。

休めるときは、厚紙の手の指に毛糸をかけておきましょう。
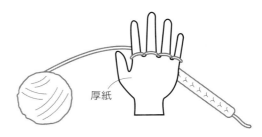

うで ゆび こものいろいろ アームカバー

P.41

材料
ハマナカ フーガ オレンジ色(16) 60g

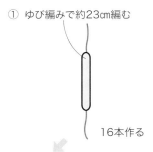

① ゆび編みで約23cm編む
16本作る

できあがりサイズ
幅約10cm×長さ約23cm

作り方
＊フーガ 2本どりで編みます。
① ゆび編みで約23cm編みます。
② 8本をつなげます。
③ 上2cmをつなぎ、4cmあけ、そこから下までつなぎます。

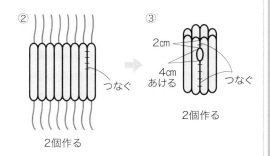

② つなぐ 2個作る
③ 2cm 4cmあける つなぐ 2個作る

※つなぎ方はすべてコの字とじ

P.48 うで ゆび こものいろいろ **うで編みバッグ**

内袋の作り方

材料
厚手木綿地 生成り 84cm×42cm
丸ひも 生成り 直径0.5cm×200cm

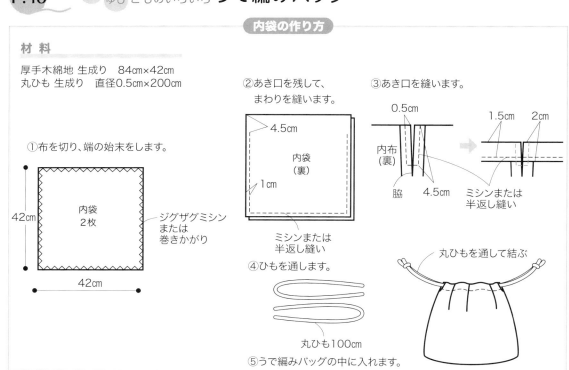

① 布を切り、端の始末をします。
内袋 2枚 42cm×42cm
ジグザグミシンまたは巻きかがり

② あき口を残して、まわりを縫います。
4.5cm 内袋(裏) 1cm
ミシンまたは半返し縫い

③ あき口を縫います。
0.5cm 1.5cm 2cm
内布(裏) 脇 4.5cm
ミシンまたは半返し縫い

④ ひもを通します。
丸ひも100cm
丸ひもを通して結ぶ

⑤ うで編みバッグの中に入れます。

こものいろいろ ひざかけ

P.43

材料
ハマナカ ドゥー! 白(1) 220g
ハマナカ ソノモノループ 白(51) 120g

Arm knitting
Lap robe

できあがりサイズ
幅約30cm×長さ約70cm

作り方
＊ドゥー!1本
　ソノモノループ2本
　計3本どりで編みます。
①うで編みで14目作り目をします。
②14段編みます。
③編み終わりを伏せ止めします。

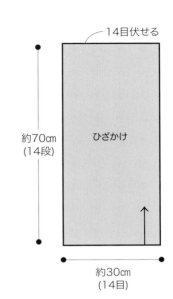

こものいろいろ イスマット

P.43

材料
ハマナカ ドゥー! オレンジ色(3) 220g
ハマナカ ドゥー! モスグリーン(2) 220g
フェルト 30cm×30cm(直径30cmの円に切る)

Finger knitting
Chair mat

できあがりサイズ
直径約31cm

作り方
＊ドゥー!
　各色1本どりで編みます。
①ゆび編みで約360cmにオレンジ色、約96cmにモスグリーンを編みます。
②フェルトにボンドをつけ、中心から巻きながら貼ります。
③最終段で色を替える。

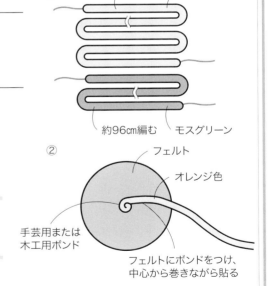

うで編み ゆびこものいろいろ クッション

P.42

材料

ハマナカ オフコース！ビッグ 赤(112) 380g
ハマナカ オフコース！ビッグ グレー(102) 200g
ハマナカ オフコース！ビッグ からし色(115) 270g

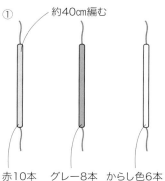

① 約40cm編む

赤10本作る　グレー8本作る　からし色6本作る

できあがりサイズ

幅約38cm×長さ約38cm

作り方

＊オフコース！ビッグ 各色1本どりで編みます。

① ゆび編みで各色40cmと80cmに指定本数分編みます。
② 80cmに40cmを順に交互に通します。
③ ②を2つ折りにし、脇をかがります。
④ クッション(中)を入れてとじます。
⑤ ポンポンを作ります。
⑥ ポンポンをつけます。

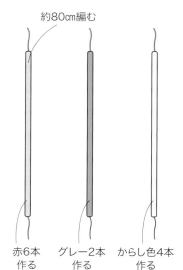

約80cm編む

赤6本作る　グレー2本作る　からし色4本作る

クッション(中)の作り方

材料

木綿地　赤　74cm×38cm
化繊綿　適量

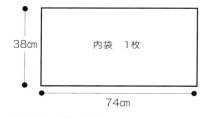

内袋　1枚　38cm　74cm

① まわりを縫います。

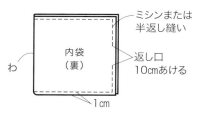

ミシンまたは半返し縫い
返し口 10cmあける
わ
内袋（裏）
1cm

② 表に返して綿を入れ、返し口をとじます。

内袋（表）
コの字とじ
綿

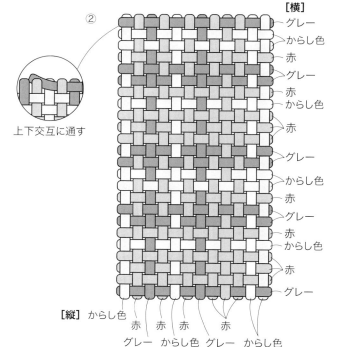

② 上下交互に通す

[横] グレー／からし色／赤／グレー／赤／からし色／赤／グレー／からし色／赤／グレー／赤／からし色／赤／グレー

[縦] からし色　赤　グレー　赤　からし色　赤　グレー　赤　からし色　グレー　からし色

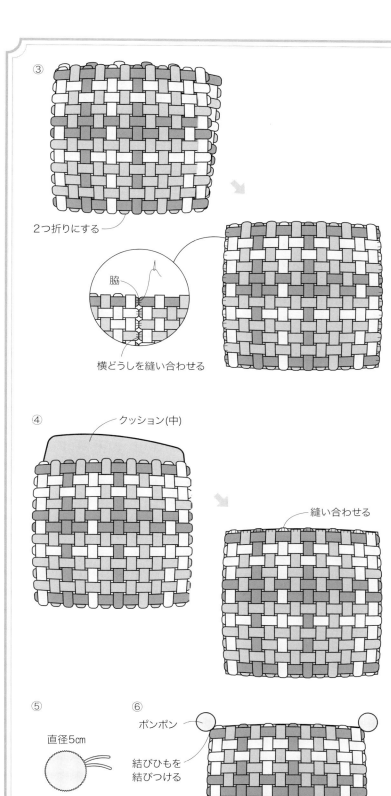

③ 2つ折りにする
脇
横どうしを縫い合わせる

④ クッション(中)
縫い合わせる

⑤ 直径5cm
4個作る

⑥ ポンポン
結びひもを結びつける

ポンポンの作り方

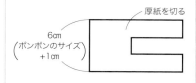
厚紙を切る
6cm（ポンポンのサイズ）+1cm

①厚紙に毛糸を巻きます。

赤、グレー、からし色 各1本
25回巻く

②中央をしばります。
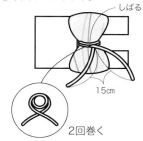
しばる
15cm
2回巻く

③両端のわを切ります。
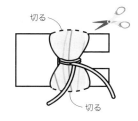
切る
切る

④丸く切って整えます。
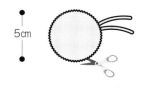
5cm

こものいろいろ **くさり編みのシュシュ**

P.44

材 料

[A]ハマナカ ルナ モール 紺(8) 10g、ハマナカ スパングラス ピンク(8) 3g
[B]ハマナカ ソノモノ ループ 白(51) 10g、ハマナカ エトランゼ シルバー(1) 3g
[C]ハマナカ フーガ 赤(6) 10g、ハマナカ エトランゼ シルバー(1) 3g
[D]ハマナカ ルーポ 紺(12) 13g
ヘアゴム 黒 各1本

Finger knitting Chouchou

できあがりサイズ

[A]直径11㎝
[B]直径11㎝
[C]直径10㎝
[D]直径11㎝

作り方

P.45参照

＊ゆび編みで作ります
＊[A][B][C]各1本ずつ計2本どり
　[D]1本どり

Point

ゴムが見えないくらいに
編みましょう。

 こものいろいろ **アレンジシュシュ**

P.46

材 料

[A]ハマナカ　フーガ　オレンジ(16)8g、ハマナカ エトランゼ　ゴールド(12)3g
[B]ハマナカ　フーガ　ブルー(15)8g、ハマナカ エトランゼ　赤(6)3g
[C]ハマナカ　フーガ　赤(6)8g、ハマナカ エトランゼ　赤(6)3g
ヘアゴム 黒 各1本

Finger knitting Chouchou

できあがりサイズ

直径11㎝

作り方

P.75参照

＊ゆび編みで作ります
＊[A][B][C]各1本どり

Point

ゆび編みの糸を
引かないように、
注意しましょう。

アレンジシュシュの作り方

1. 8gの小さい玉を作ります。

2. ゆび編み1段めを編みます。

3. ゴムに玉を通します。

4. 手の甲側にゴムを置き、2段めを編みます。

5. 3・4を繰り返します。

6. ゴムを通しながら、45段編みます。

7. 糸端をそれぞれの指の糸に通して、はずします。

8. 後ろに渡っていた広い幅の糸が、輪の外側にくるように回転させます。

9. 別糸で輪を作ります。

10. 8の端の糸に指をくぐらせます。

11. そのまま引き抜きます。

12. そのままくさり編みを3目編みます。

13. 次の目に指を通して、引き抜きます。

14. 10〜13をぐるっと1周繰り返します。

15. 本体の糸の端を引っぱります。

16. 端の糸を結び、糸の始末をして、できあがりです。

うで編み ゆび編み こものいろいろ 巾着ポーチ

P.46

材料

ハマナカ ソノモノスラブ<超極太> こげ茶(33) 120g
リボン 黒 チェック 1.5cm幅×150cm

できあがりサイズ

幅約33cm×高さ約20cm

作り方

＊スラブ<超極太>
　4本どりで編みます。

① うで編みで10目作り目をします。
② 10段編みます。
③ 編み終わりを伏せ止めします。
④ 半分に折り、左右を縫い合わせます。
⑤ 編み目にリボンを通します。

＊使うときは内袋を中に入れて使います。

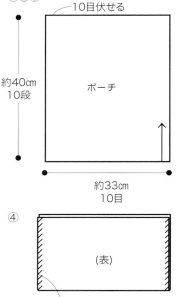

①②③
10目伏せる
約40cm 10段
ポーチ
約33cm 10目

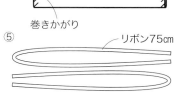

④
(表)
巻きかがり

⑤ リボン75cm
リボンを通して結ぶ

内袋の作り方

材料

木綿地 こげ茶　34cm×42cm

① 布を切り、端の始末をします。

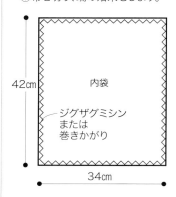

42cm
内袋
ジグザグミシン または 巻きかがり
34cm

② 半分に折り、脇を入れ口まで縫います。

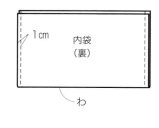

1cm
内袋(裏)
わ

③ 入れ口を縫います。

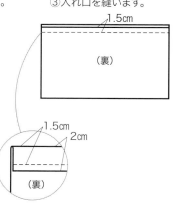

1.5cm
(裏)
1.5cm
2cm
(裏)

④ 裏返して、巾着ポーチに入れます。

うで編み ゆび こものいろいろ カチューシャ

P.47

材料

[A]ハマナカ ルーポ 白(1) 10g
[B]ハマナカ ルナモール ピンク(12) 10g
[C]ハマナカ エトランゼ 赤(6) 10g
ヘアゴム 黒 長さ各22cm

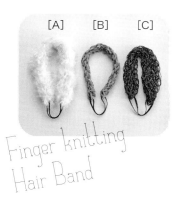

Finger knitting Hair Band

できあがりサイズ

[A]長さ約46cm
[B]長さ約43cm
[C]長さ約40cm

＊[A]ルーポ 2本
　[B]ルナモール 1本
　[C]エトランゼ 4本
　各本数どりで編みます。

① ゆび編みで指定の長さに編みます。
② 編み始めと編み終わりにゴムを通します。
③ ゴムを結びます。

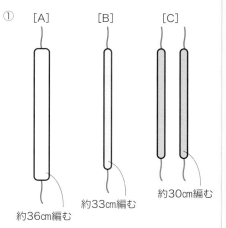

① [A] 約36cm編む　[B] 約33cm編む　[C] 約30cm編む

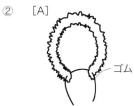

② [A] ゴム

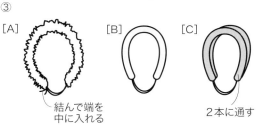

③ [A] 結んで端を中に入れる　[B]　[C] 2本に通す

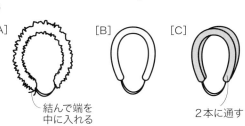

布の縫い方

端の始末

巻きかがり

縫い合わせ

半返し縫い

4出　2出
5入　3入　1入

うで編み&ゆび編みの基礎
簡単なポイントを紹介しています。
ここを読んでから始めましょう！

糸の取り方

かせの場合

1. ラベルを取り、かせを広げます。
2. 細い糸を切ります。
3. 2つの輪から糸端を取り、2本どりにします。（2本どりで、毛糸玉にしてもいいですね）

糸玉の場合

1. ラベルを取ります。
2. 中心に指を入れ、糸のかたまりを取り出します。
3. その中から、糸端を取ります。

途中で糸をつなぐとき

1. 編み終わりの糸を切ります。
2. 編み始める糸と結びます。（結び目は編み終わってから糸端の始末をします）
3. 次の糸で編みます。

糸端の始末

1. 結んだ糸端や編み終わりの糸端は、20cmくらい残して切ります。
2. 糸端を3目くらい編み目にからめて、裏側で糸を切ります。

きれいに編むコツいろいろ

ほんの少し、気をつけるだけできれいに仕上がるポイントがあります。
どれも簡単なことなので、作るときに意識してみて下さい。

 うで編み　基礎は13ページから

Point 1 1目ごとに、糸を引き締めて作りましょう。

Point 2 糸がねじれないように注意しましょう。

糸を手に通す向きに注意するとよいでしょう。

 ゆび編み　基礎は27ページから

Point 1 後ろに渡る糸が短めだときれいに仕上がります。

Point 2 編み始めの目は強く引っぱると、編み終わりのようにきれいになります。

 つつ編み　基礎は35ページから

Point 1 糸を引っぱらないように巻いていきましょう。

Point 2 長さに合わせて、全体を端から少しずつ整えましょう。

 うで編み・ゆび編み　こものいろいろ　基礎は45/49/69/75ページ

Point 1 シュシュのくさり編みはゆるく編むときれいです。

Point 2 バッグやポーチはしっかりめに編みましょう。

寺西 恵里子　ERIKO TERANISHI

(株)サンリオに勤務し、子ども向けの商品の企画デザインを担当。退社後も "HAPPINESS FOR KIDS" をテーマに手芸、料理、工作を中心に手作りのある生活を幅広くプロデュース。その創作活動の場は、実用書、女性誌、子ども雑誌、テレビと多方面に広がり、手作りを提案する著作物は 550 冊を超える。

寺西恵里子の本
『刺しゅう糸で編む プチかわ小物』(PHP研究所)
『作って遊べる！フェルトのおままごと』(辰巳出版)
『創造する力をのばす 折り紙』(日東書院本社)
『チラシで作るバスケット』(NHK出版)
『3歳からのお手伝い』(河出書房新社)
『きれい色糸のかぎ針あみモチーフ小物』(主婦の友社)
『すみっコぐらしのハンドメイド BOOK』(主婦と生活社)
『ハンドメイドレクで元気！手づくり雑貨』(朝日新聞出版)
『フェルトで作るお店屋さん遊び』(ブティック社)
『365日子どもが夢中になるあそび』(祥伝社)
『粘土でつくるスイーツ&サンリオキャラクター』(サンリオ)
『0・1・2歳のあそびと環境』(フレーベル館)
『はじめてのおさいほう』(汐文社)

協賛メーカー
ハマナカ株式会社
この本の作品は、ハマナカ株式会社の製品を使用しています。
■京都本社　〒616-8585
　京都府京都市右京区花園薮ノ下町2番地の3
　TEL：075-463-5151(代)　FAX：075-463-5159
■東京支店　〒103-0007
　東京都中央区日本橋浜町1丁目11番10号
　TEL：03-3864-5151(代)　FAX：03-3864-5150
ハマナカHP　http://www.hamanaka.co.jp

スタッフ
撮　　　　影　奥谷 仁
ブックデザイン　NEXUS DESIGN
作 品 制 作　齊藤 沙耶香　森 留美子　高橋 直子
　　　　　　関 亜紀子　井本 加代子　並木 明子
作り方イラスト　竹林 香織　YU-KI
編 集 協 力　ピンクパールプランニング

30分でできる！　かわいいうで編み&ゆび編み

2015年12月3日　第1版第1刷発行
2017年11月24日　第1版第4刷発行

著　者　　寺西 恵里子
発行者　　安藤 卓
発行所　　株式会社PHP研究所
　　　　　京都本部　〒601-8411　京都市南区西九条北ノ内町11
　　　　　　　　　　教育出版部　☎075-681-8732（編集）
　　　　　　　　　　家庭教育普及部　☎075-681-8818（販売）
　　　　　東京本部　〒135-8137　江東区豊洲5-6-52
　　　　　　　　　　普及部　☎03-3520-9630（販売）
　　　　　PHP INTERFACE　https://www.php.co.jp/
印刷・製本所　図書印刷株式会社

©Eriko Teranishi 2015 Printed in Japan　ISBN978-4-569-82845-9
※本書の無断複製（コピー・スキャン・デジタル化等）は著作権法で認められた場合を除き、禁じられています。また、本書を代行業者等に依頼してスキャンやデジタル化することは、いかなる場合でも認められておりません。
※落丁・乱丁本の場合は弊社制作管理部（☎03-3520-9626）へご連絡下さい。送料弊社負担にてお取り替えいたします。